I0818434
OH HOW I LOVE SNOW.
OH HOW I LOVE SNOW.

La vida es un regalo

LUCY CLAIRE DUNBAR

La vida es un regalo

LUCY CLAIRE DUNBAR

BRUGUERA

Papel certificado por el Forest Stewardship Council®

Título original: *The Book of Gifts*

Primera edición: noviembre de 2025

Printed in Spain – Impreso en España

ISBN: 978-84-02-43084-7
Depósito legal: B-14551-2025

Compuesto en Aura Digit
Impreso en Talleres Gráficos Soler S. A.
Esplugues de Llobregat (Barcelona)

BG 3 0 8 4 7

Para las personas que me ayudaron a seguir,
todas y cada una. Espero que sepáis
que nunca estaréis solas.

X

A ti, que estás leyendo esto:

Creo que el destino te ha traído hasta aquí. Tengo la firme convicción de que hay que confiar en que lo que el universo pone en nuestro camino —lo bueno, lo malo, el sol, la lluvia— está ahí para guiarnos.

Mis veintisiete años en este mundo han sido una montaña rusa y, tras haber bailado con la muerte más veces de las que creía posibles, es un milagro que esté aquí. La verdad es que me siento afortunada de estar viva y también de tenerte aquí; espero que lo que yo he pasado pueda ayudar a otras personas cuando más lo necesiten. Siempre pensé que no haría nada con mi vida, que era una causa perdida, pero poco a poco me doy cuenta de que mi destino siempre fue ser simplemente yo: somos perfectos tal y como somos.

Deseo que este libro sea un recordatorio del regalo que es la vida. No importa lo difícil que sea todo, siempre debemos tener fe en un mañana más luminoso y, sobre todo, la certeza de que todo lo que necesitamos para superarlo está dentro de nosotros. La fuerza siempre ha estado ahí, en tu interior.

Si puedo ayudar a una persona siquiera con estos dibujos, ya habré conseguido más en la vida de lo que jamás creí posible.

Este libro ha sido todo un viaje y, si soy sincera, no sé ni cómo hemos llegado hasta aquí... Ha habido muchos giros en falso, callejones sin salida y rotondas interminables, pero cada vez tengo más claro que, sencillamente, así es la vida. No hay camino correcto ni incorrecto, solo el tuyo.

Durante buena parte de mi vida luché a oscuras, con miedo a no merecer ser feliz. Con miedo a que se me acabaran las fuerzas para luchar. Hasta que sales a la superficie y ves los primeros destellos de luz no te das cuenta de lo fuerte que has sido en realidad.

Amar es uno de los mayores regalos de la vida. Esperamos que nuestro primer y último aliento estén rodeados de amor, también nuestra vida está llena de amor, porque, de lo contrario, no existiríamos. Es la calidez de una sonrisa, la melodía de una risa, el latido de un corazón. Yo creo que es el amor lo que hace girar al mundo, y es el amor lo que nos ha traído hasta aquí.

EL REGALO DEL

Amor

El amor puede curar un corazón roto, reparar un alma en pedazos, dar esperanza cuando todo está perdido.

El amor es magia, es esperanza y, a veces, es lo único que tenemos.

La respuesta es
siempre el AMOR

A veces, dejar ir

es el mayor

gesto de amor.

Crea el mundo con el que sueñas.

Un abrazo inmenso

para quien

lo necesite hoy.

El Mundo Mejor
Todos somos humanos.
Todos intentamos
hacerlo bien.
Todos merecemos
un descanso:
tiempo, amor
y respeto.

Recuerda:
Si das
mucho amor,
no olvides
guardar algo
para ti
X

Cuando sientas que no puedes más,

piensa que el mundo puede por ti.

Has seguido
adelante, y eso
es algo muy
VALIENTE.

Los pequeños momentos

son los más importantes.

El amor no tiene
rima ni razón, solo
es un sentimiento
hermoso.

La hierba es más verde

donde más riegas.

Con amor en el corazón
y amigos a nuestro lado,
todo lo demás es la guinda del pastel
de una vida preciosa.

Hoy. Ayer. Mañana. Siempre.

Si escuchas a tu corazón, la felicidad nunca está lejos.

Amistad. ¡Por dónde empezar!

La amistad es el barco en el que

surcamos nuestros peores momentos,

y puede vencer cualquier tempestad.

EL REGALO DE LA *amistad*

N
E
S
W

La amistad es un viaje que esperamos que sea eterno, nos lleve adonde nos lleve.

No podemos detener las tormentas,

pero las superaremos. Siempre lo hacemos.

amistad

Los amigos de verdad te señalan la luz
cuando estás luchando en la oscuridad.

A veces, en la vida,

no encuentro las palabras adecuadas,

pero en el fondo

sé muy bien

que siempre habrá quien escuche.

No pasa nada por pedir ayuda.

Estaremos a tu lado durante las tormentas;

todas ellas, hasta que encuentres el sol.

A veces no es cuestión de ver la magia,

sino de saber que está ahí.

La amistad es el latido del corazón

que sigue moviéndonos.

Los amigos de verdad son como las estrellas.

A veces no se ven,

pero siempre están ahí.

El hogar no es un lugar, es un sentimiento.

En ocasiones, solo necesitamos escuchar

«Estoy contigo»

para saber que todo irá bien.

A lo mejor solo tenías que ser tú.

La verdadera amistad es

estar a gusto en silencio.

La gratitud es el regalo que nunca se agota. Cuando nos damos cuenta de que no podemos dar ningún día por sentado, de que cada amanecer es un auténtico regalo, bueno, es un poco como ganar la lotería de la vida. Espero que estos dibujos sirvan como un pequeño recordatorio de que la felicidad nunca está lejos si hay amor en nuestro corazón.

EL REGALO DE LA *gratitud*

El presente

es el milagro, todo lo demás

es pura magia.

El mejor regalo es pasar tiempo contigo.

Inmortaliza cada momento, algún día esas imágenes mágicas serán nuestro mayor tesoro.

Concédete el tiempo para vivir

los pequeños momentos.

El futuro será brillante, pero por ahora centrémonos en el presente.

gratitud

No está en tu mano decidir qué cartas te tocan

así que aprende a jugarlas.

Quizá las cosas

EXTRAORDINARIAS

que suceden

en la vida

DEPENDAN DE

aquello en lo que

NOS FIJAMOS.

cuando nos demos cuenta

de que vivir es el boleto ganador,

habremos ganado el sorteo.

Estás exactamente donde debes estar.

No pasa nada
por bajar el ritmo.
Las cosas buenas
llevan tiempo.

Y de repente un día ves la vida más leve,

más brillante.

Hoy

No dejes que la preocupación por el mañana
te haga perderte el regalo que es
el día de hoy.

De pequeños creemos que el valor es ser audaz, feroz y atrevido. Pero el valor puede ser simplemente levantarse, empezar el día como mejor sepamos y avanzar. Espero que seas consciente de lo valiente que eres, y que tienes dentro la fuerza que necesitas para seguir adelante.

EL REGALO DEL *valor*

Hace falta valor para enfrentarse

al mundo cada día.

Eres más brillante
que tu pensamiento más oscuro
y más fuerte que
el mayor de tus miedos.

Sin la oscuridad,

nunca

habríamos visto

las estrellas.

El amor

es la mayor huella

que podemos dejar

en el camino.

valor

Has dejado atrás la tormenta más oscura:

sigue adelante.

A veces el valor es dar el salto
a lo desconocido.

Un mundo donde los niños
puedan atreverse a soñar
es un lugar en el que
quiero estar.

Quizá parezca

porque lo es.

Espero que cuando mires atrás veas

lo lejos que has llegado,

todas las batallas silenciosas que has ganado.

Tienes mucha más fuerza dentro

de lo que crees.

La valentía es enfrentarte al mundo
mientras luchas contra tu propia tempestad.

valor

No sé si se puede entender de verdad el amor hasta que se ha perdido a un ser querido. Es un recordatorio de que tenemos que compartir todo lo posible, atesorar el tiempo que tenemos tal y como es, y amar tanto como el corazón nos deje. Una cosa que he aprendido sobre el duelo es que nunca desaparece del todo, solo cambia. Espero que sepas que el amor de esas personas siempre estará ahí, cerca o lejos, para siempre en tu corazón.

EL REGALO DE LOS

Todo lo que soy

me lo enseñaste tú.

Si hubiese un teléfono en el cielo,

te llamaría solo para decirte

que te quiero y que te echo de menos cada día.

cerca o lejos, para siempre en nuestro corazón.

Pasar un rato más contigo.

Quizá solo seamos un parpadeo en el tiempo,
pero el rastro de amor que dejamos nunca
perderá su brillo.

Sigo viéndote en la belleza de cada día.

Cuando ves un petirrojo significa
que un ser querido anda cerca.

Solo hace falta una pluma para saber

que estás ahí.

La música contiene miles de historias,

viejas y nuevas, canciones aún por cantar.

Te echo de menos en los pequeños momentos.

Si fueras nieve, soportaría mil ventiscas

con tal de pasar un rato más contigo.

La bondad es el mayor superpoder que se puede tener. Es saber que la luz que desprendes ayuda a los demás a brillar. Es ayudar a un desconocido a encontrarse. Es dar sin esperar nada a cambio. Creo que la bondad puede cambiar el mundo. Sé que hasta el menor gesto de bondad puede salvar una vida.

EL REGALO DE LA *bondad*

Creo que la bondad puede salvar el mundo.

Sé que la bondad puede salvar una vida.

Las palabras amables
plantan semillas de esperanza.

Sé la luz que necesitabas
en tu día más oscuro.

Café Bondad

CUENTA

una sonrisa	0,00 €
palabras de ánimo	0,00 €
paciencia	0,00 €
tiempo para un ser querido	0,00 €
ser bueno con uno mismo	0,00 €
Total	0,00 €

Los pequeños gestos de bondad
hacen florecer la esperanza.

El menor gesto de bondad
puede provocar una gran ola de amor.

No eres ninguna carga, solo es que estás sanando.

Igual que la marea,
la vida sube y baja.
A veces es suficiente
con mantenerse a flote.

Durante gran parte de mi vida creí que estaba rota, y no lograba entender por qué no «funcionaba» como mis hermanos y mis hermanas. Pero ahora me doy cuenta de que hacía lo que podía para sobrevivir. No nos queda otra. Ahora sé que no hay ningún camino correcto para sobrevivir, haces lo que puedes para seguir adelante. Así que no te exijas tanto, cuídate y, sobre todo, perdónate.

EL REGALO DEL

amor propio

36
DESCANSO
La mejor medicina
para corazones
y almas convalecientes
para cuando tienes la cabeza
hecha un lío, has perdido el rumbo
y solo necesitas un poquito de amor.

No estamos
rotos,
somos humanos.

Todo el mundo necesita parar a veces.

No necesitas
que te arreglen,
solo que
te quieran.

Puedes comerte el mundo,

pero no pasa nada por tomarse un descanso.

Mañana será otro día,

un lienzo en blanco para volver a empezar.

Vales mucho.

A veces, una pausa

es el amor propio que te mereces.

Lo has
superado
y con eso
basta.

Haz lo que puedas hoy.

Tu historia la escribes tú.

para cambiar el final.

Mereces
amor

En ocasiones,
lo más productivo
que puedes hacer
es DESCANSAR.

Coge lo que necesites.

Todos necesitamos un poco de amor

a veces, no te exijas tanto.

Sé un flamenco entre una bandada de palomas.

Algún día te darás cuenta de que ser tú siempre fue suficiente.

Algunos días
está bien con
hacerlo
solo bien.
Reposo

NO ERES
LO QUE
PIENSAS

DATE PERMISO
PARA
DESCANSAR.

Todos necesitamos desconectar a veces.

No dejes pasar la luna
intentando atrapar las estrellas.

Baila al ritmo

que marcas tú.

Mis patos no van para nada en fila.

Algunos ni siquiera sé dónde están,

y creo que uno de ellos es una paloma.

No necesitas tener la piel más gruesa.

Las ceras colorean el mundo

incluso estando rotas.

Los mayores logros

comienzan con un sueño.

Recuerda:
Si das
mucho amor,
no olvides
guardar algo
para ti
x

Te mereces
felicidad, tiempo y, sobre todo, amor
Después de la tormenta sale el sol.
DÍAS FELICES
GACETA DE LAS
BUENAS NOTICIAS
ÚLTIMA HORA
ERES
ADMIRABLE
tal y como eres,
has sido y serás.

No hay carreras que valgan

si vas a tu ritmo.

En un mundo donde puedes ser lo que quieras,

SÉ TÚ.

No le gustarás a todo el mundo

y no pasa nada.

No hay mayor perfección
que ser fiel a tu corazón.

Si esperásemos que una planta

floreciera de inmediato

nos perderíamos la alegría de verla crecer.

Me gusta quedarme en casa con mi paz interior.

Hay mucha felicidad aguardándote, así que espero que te enorgullezcas de lo lejos que has llegado.

Plasmo mi corazón en el papel para que, si mañana me despierto y el mundo vuelve a estar a oscuras, sepa que dibujé todo lo que pude. Creo que escribir este libro es el sueño que pensaba que no podría hacer realidad, conseguir ver mis dibujos en un libro. Supongo que esto es lo que llaman «cerrar el círculo».

Si consigo algo con este libro, espero que sea ayudar a alguien cuyo mundo esté a oscuras, a alguien que no pueda ver el camino. Yo he estado ahí, y cada día parece una etapa de una maratón. Pasan los días de uno en uno hasta que, de repente, te das cuenta de que la vida es más brillante, más leve.

Has superado la tormenta.

EL REGALO DE LA *esperanza*

En mis horas más oscuras, la esperanza era lo único que tenía. A los veintiún años me quedé ciega; mi mundo se sumió literalmente en la oscuridad. No podía leer, mis amigos tenían que ayudarme a rellenar los papeles de la universidad, ni siquiera podía cruzar la calle sola. Vaya, que si miro atrás, no sé cómo sobreviví. La esperanza de un mañana más brillante fue lo que me ayudó a salir adelante. Soy afortunada de poder decir que —con ayuda— he recuperado la mayor parte de la visión y juro que doy gracias por ello cada día. Por eso dibujo tanto; cuando apoyo la cabeza en la almohada por la noche, quiero tener la certeza de que he dibujado todos los regalos que me ha hecho el día.

Detrás de la tormenta más oscura

siempre hay luz.

Cuando parece que todo está perdido...

… a veces lo único que tenemos es la esperanza.

La esperanza es la luz

que nos guía hasta casa.

Hasta en la noche más oscura hay esperanza.

La luna nos recuerda que,

hasta en la hora más oscura,

somos perfectos tal y como somos.

Mañana
vendrá la luz,
solo debes
aguantar
X

En ocasiones, solo necesitamos recordar

que la oscuridad no durará para siempre.

Así son las tormentas.

No podemos evitarlas, pero siempre pasan.

Nunca olvides que, incluso

después del capítulo más oscuro,

llegarán días luminosos.

La primavera es la señal de la naturaleza

de que todo irá bien.

La primavera es la melodía de la naturaleza

que precede al crescendo del verano.

La esperanza es creer en la luz del mañana.

lo que nos eleva.

Lo has
conseguido.

Que el sol te recuerde

que vendrán días de luz.

Incluso tras la noche más oscura

saldrá el sol.

Rose
Rose
Rose